Tarsios

Julie Murray

Abdo
ANIMALES NOCTURNOS
Kids

abdopublishing.com

Published by Abdo Kids, a division of ABDO, PO Box 398166, Minneapolis, Minnesota 55439.
Copyright © 2019 by Abdo Consulting Group, Inc. International copyrights reserved in all countries.
No part of this book may be reproduced in any form without written permission from the publisher.

Printed in the United States of America, North Mankato, Minnesota.

052018

092018

 THIS BOOK CONTAINS
RECYCLED MATERIALS

Spanish Translators: Telma Frumholtz, Maria Puchol

Photo Credits: Alamy, iStock, Minden Pictures, National Geographic Creative, Shutterstock

Production Contributors: Teddy Borth, Jennie Forsberg, Grace Hansen

Design Contributors: Christina Doffing, Candice Keimig, Dorothy Toth

Library of Congress Control Number: 2018931613

Publisher's Cataloging-in-Publication Data

Names: Murray, Julie, author.

Title: Tarsios / by Julie Murray.

Other title: Tarsiers. Spanish

Description: Minneapolis, Minnesota : Abdo Kids, 2019. | Series: Animales nocturnos |
     Includes online resources and index.

Identifiers: ISBN 9781532180194 (lib.bdg.) | ISBN 9781532181054 (ebook)

Subjects: LCSH: Tarsiers--Juvenile literature. | Nocturnal animals--Juvenile literature. |
     Animals--Apes & Monkeys, etc--Juvenile literature. | Spanish language materials--Juvenile literature.

Classification: DDC 599.8--dc23

Contenido

Tarsios 4

Características
de los tarsios 22

Glosario 23

Índice 24

Código Abdo Kids . . .24

Tarsios

Se encuentran en el sureste de Asia. Viven en los árboles.

Tienen el **pelaje** suave. La mayoría son marrones o grises.

Tienen la cola larga. Les sirve para mantener el **equilibrio**.

8

Los tarsios son muy pequeños pero muy buenos cazadores.

Esperan en la oscuridad a

sus **presas**.

Sus ojos son grandes. Esto les ayuda a ver mejor de noche.

Tienen dedos largos. Les sirven para sujetarse a los árboles y sostener la comida.

Tienen las patas largas. Pueden saltar lejos. ¡Saltan para atrapar su comida!

Comen insectos. También comen ranas.

Características de los tarsios

cola larga

dedos de las manos y los pies largos

ojos grandes

patas traseras largas

Glosario

equilibrio
mantenerse erguido y estable.

pelaje
pelo corto, fino y suave de
algunos animales.

presa
animal que ha sido cazado para
alimento de otros.

Índice

Asia 4

cola 8

color 6

comida 12, 16, 18, 20

dedos 16

ojos 14

patas 18

pelaje 6

tamaño 10

¡Visita nuestra página abdokids.com
y usa este código para tener acceso
a juegos, manualidades, videos y
mucho más!

Código Abdo Kids:
NTK4084